MINISTÉRIO DO TURISMO E ÁGUAS DE MANAUS APRESENTAM:

BIOGRAFIAS COLABORATIVAS

2ª EDIÇÃO

COORDENAÇÃO EDITORIAL MAITÊ FREITAS
PRODUÇÃO EXECUTIVA JULIANA OSMONDES
CAPA E PROJETO GRÁFICO TUNDRA STUDIES - KARINA ABICALIL E CLAUDIO PORTUGAL
DIAGRAMAÇÃO CAROLINA MENEZES
REVISÃO JANAINA RAMOS E RAFAELLA PAIM

Catalogação na publicação
Elaborada por Bibliotecária Janaina Ramos – CRB-8/9166

R484

Ribeiro, Raescla

Rute: na travessia de marés e banzeiros / Raescla Ribeiro – 2. ed. – Rio de Janeiro: Sagre Consultoria, 2021.

(Biografias Colaborativas)

72 p.; 14 X 21 cm

ISBN 978-85-93615-06-1

1. Biografias de mulheres. I. Ribeiro, Raescla. II. Título.

CDD 920.72

Índice para catálogo sistemático
I. Biografias de mulheres

RUTE

NA TRAVESSIA DE MARÉS E BANZEIROS

ESCRITO POR
RAESCLA RIBEIRO

PARTE DO PROJETO

BIOGRAFIAS COLABORATIVAS
2ª EDIÇÃO

Oralituras

Este livro é dedicado a todas as mulheres
que moram em periferias, empreendem, sonham,
sofrem, superam, conquistam, aprendem, resistem,
acreditam, recomeçam, lutam e inspiram.

Às Chays, Maíses, Michelles, Rutes e Vandas,
o nosso muito obrigado.

O PROJETO

BIOGRAFIAS COLABORATIVAS MANAUS

Cinco manauaras. Batalhadoras, empreendedoras, periféricas, incríveis. A vida delas daria um livro. E foi isso que a gente fez. A 2ª edição do projeto Biografias Colaborativas traz o brilho e a personalidade de mulheres inspiradoras.

Chay, Maíse, Michelle, Rute e Vanda agora têm suas histórias transformadas em livros – livros que terão o último capítulo em branco. E é você que vai ajudar a preencher estas páginas. É que toda a receita das vendas será direcionada ao negócio de cada empreendedora. Assim, elas poderão investir em seus sonhos e escrever mais que um final feliz, um recomeço feliz.

O que queremos com isso? Queremos que outras mulheres vejam, se inspirem e corram atrás dos seus sonhos. Que acreditem que é possível empreender e ter uma história de sucesso na periferia. Essas cinco manauaras acreditaram e chegaram até aqui. E vão chegar muito mais longe.

PREFÁCIO

MULHERES MÚLTIPLAS E TRANSFORMADORAS

Escrever o prefácio de um livro sobre mulheres empreendedoras é quase tão intenso quanto falar da Amazônia. Acho que por ser brasileira, "caboquinha" e empreendedora trago a responsabilidade de chamar a atenção para essas histórias que serão reveladas por meio do projeto "Biografias Colaborativas". Cada biografia é única, tem a própria verdade e caminhos distintos, mas traz algo em comum: o acreditar que se pode realizar, seja por necessidade ou oportunidade.

Nos últimos meses, tive a oportunidade de conhecer um pouco mais sobre o negócio e a vida dessas brasileiras, que lutam, como tantas, para realizar seus sonhos. Tive momentos de inspiração e de transpiração, ao elaborarmos os planos de ação dos negócios que elas escolheram para colocar no mercado. Vou mencionar pelo menos uma característica de cada uma dessas cinco mulheres, que pode inspirar a tantas outras que querem ter o próprio negócio.

Começo pela Chay Santos, que traz a inquietude na sua fala e não mede esforços para usar a criatividade como um instrumento. Desde cedo, sabia que precisava romper barreiras e trouxe a autoconfiança como uma característica essencial para seguir como produtora de conteúdo no marketing digital.

Quando penso em Maíse Ribeiro, penso em alguém que tem a força do feminino e a transformação da mulher por meio da dança. Ela faz com que cada mulher revele a "deusa" que existe dentro de si e a força do empoderamento feminino. É encantador conhecer todos os elementos que a Dança do Ventre carrega e os benefícios que proporciona para a saúde física e mental.

A talentosa Michelle Leite é alguém que tem na alma o sonho de ser uma chef de cozinha reconhecida por uma culinária afetiva, baseada em memórias. Desde a infância, o gosto pela cozinha faz parte da vida da Michelle, e empreender tem trazido aprendizados e um mundo de novas oportunidades.

Uma história com grandes ondas pode ser revelada na vida de Rute Lima. Uma carioca que ousou recomeçar em um novo território, sem nenhum apoio financeiro ou emocional. Rute traz uma verdade tão profunda que pode deixar qualquer um estarrecido nos primeiros segundos de conversa. Sua narrativa e poder de argumentação demonstram um conhecimento profundo sobre o Direito e sobre a coragem para sobreviver, pois a vida exigiu muito.

Já Vanda Ortega carrega a história dos povos originários construída por resistência e luta, por meio de um negócio com foco na moda. As peças produzidas com os grafismos, pintadas à mão, transmitem originalidade e possibilitam uma conexão com a sociedade. Um trabalho que permite o fortalecimento de mulheres. Vanda tem uma verdade mágica e, ao mesmo tempo, encanta com a sua força e com a história de seus ancestrais.

Essas cinco histórias evocam coragem e podem impulsionar muitas mulheres na busca de construir o novo e de ter as suas vidas transformadas. Torço para que esse projeto possa continuar se perpetuando e que revele novas biografias com as nossas raízes brasileiras e a nossa etnodiversidade.

ROZANA TRILHA
PRESIDENTE DA ASSOCIAÇÃO ZAGAIA AMAZÔNIA

INTRODUÇÃO

Prestamos um serviço essencial para Manaus. Todos os dias, nosso trabalho faz a diferença na vida de mais de 2,2 milhões de pessoas que moram aqui. Um dos propósitos da Águas de Manaus é ir além da simples prestação de serviço. Nosso objetivo é construir boas relações com a cidade, ouvindo e conhecendo quem são as pessoas que fazem uma metrópole do tamanho de Manaus funcionar.

Ao buscar visibilidade para histórias inspiradoras na maior cidade do Norte do Brasil, o projeto "Biografias Colaborativas" encontrou uma conexão com os valores que a companhia aplica em seu dia a dia. As cinco empreendedoras selecionadas mostram que Manaus é uma cidade que está sempre de braços abertos, acolhendo a todos de maneira calorosa. Ao mesmo tempo em que busca crescimento constante, o manauara é um povo que nos ensina grandes lições diariamente.

Desde que o projeto nos foi apresentado, sabíamos que o "Biografias Colaborativas" tinha a cara da Águas de Manaus. Ao transformar as histórias de mulheres como Vanda, Rute, Chay, Michelle e Maíse, queremos nos tornar multiplicadores de oportunidades. Nosso intuito é que os livros despertem emoções e sejam fontes de inspiração para o sucesso do maior número possível de pessoas.

Agradeço à sensibilidade e ao envolvimento de nossas cinco biografadas com o projeto. Manaus merece conhecer essas histórias. Também agradeço ao Ministério do Turismo, NBS SoMa, Sagre Consultoria e Secretaria Especial da Cultura pela parceria. Boa leitura!

THIAGO AUGUSTO TERADA
DIRETOR-PRESIDENTE DA ÁGUAS DE MANAUS

SUMÁRIO

04

ENCONTROS DAS ÁGUAS EM CALMARIA

PG 61

ESCRITO POR

RAESCLA RIBEIRO

RUTE

NA TRAVESSIA DE MARÉS E BANZEIROS

A biografia que está em suas mãos é, provavelmente, um dos primeiros exercícios de escrita em linguagem neutra na Língua Portuguesa. Você vai se deparar constantemente com uma quantidade significativa de "elu", "todes" e substantivos terminados em "e". Em um desacordo ortográfico, escrevi o que garanto ser um exercício necessário em um caminho incerto, mas já iniciado.

Corpos dissidentes não aceitam docilmente os moldes da sociedade. Moldes esses que estabelecem uma norma binária creditando validade apenas ao que é supostamente naturalmente feminino e masculino. Pessoas não-binárias vêm reivindicando o uso da linguagem neutra como forma de identificação mais representativa para elus.

Em uma das entrevistas que me concedeu, nosse biografade, Rute Ferreira Lima, comunicou que o gênero feminino não lhe coube com muita facilidade desde a infância. Também me disse que, em diversas situações, lhe chamam pelo gênero masculino e que isso não lhe gera constrangimento e, na verdade, soa mais confortável. Diante disso, em um diálogo cordial entre biógrafa e biografade, entendemos que o melhor caminho para representar sua história seria por meio da linguagem neutra.

Na busca de manuais, guias e/ou até mesmo livros que exemplificassem o uso da linguagem neutra, não obtive muitos resultados. A falta de resultados na internet me assustou por um tempo, mas ao insistir um pouco mais encontrei o trabalho de Ophelia Cassiano. Uma iniciativa incrível, nomeada de "Guia para linguagem neutra: Porque elus existem e você precisa saber!"

Foi a partir desse material desenvolvido por elu que redirecionei meu olhar para a minha própria escrita. Compreendendo a diversidade de expressões e experiências que histórias de vida carregam, mesclei a linguagem neutra com as normativas ortográficas. Acredito que neste livro residam ainda muitos atropelos no uso da linguagem neutra, mas é com o engatinhar que aprendemos a andar. Então, queridas pessoas que me leem, desculpem qualquer equívoco e entendam que estamos apenas iniciando um engatinhar coletivo e necessário.

No ano em que este livro está sendo escrito, projetos de leis circulam pelo Brasil visando proibir o uso da linguagem neutra em escolas. Percebemos, então, que o nosso engatinhar resiste em tempos que ordenam silêncio.

Na desobediência do silêncio e no desacordo das normas que até agora parecem comuns, a biografia de Rute Ferreira Lima nasceu.

CAPÍTULO

01

PRIMEIROS PASSOS: DA MARÉ BAIXA À MARÉ ALTA

OS (RE)NASCIMENTOS DE RUTE FERREIRA LIMA

"Eu quero sair da igreja e a partir de hoje eu não quero usar saia, não quero mais usar essas roupas, não. Eu quero que a senhora compre pra mim bermuda, calça, camiseta e um tênis. É assim que eu quero andar."

Quantas vezes nascemos, morremos e renascemos na mesma vida? Talvez não haja uma exatidão para esta resposta. Mas o corpo dissidente de Rute Ferreira Lima tem vivido tais movimentos ao menos três vezes ao longo de seus 44 anos. O primeiro nascimento data de 16 de janeiro de 1977. Do segundo não temos registro que nos permita comunicar uma data exata. Já o terceiro (re)nascimento ocorreu no dia 29 de dezembro de 2008. Em ordem pouco cronológica, seguiremos no mergulho desses (re)nascimentos. Aquele sem data memorável é decerto um dos marcadores mais pertinentes na história de nosse biografade e é por ele que nosso mergulho entre água salgada e doce se inicia.

A epígrafe acima é uma breve memória do ponto inexato em que Rute conhece um pequeno pedaço de si mesme e reivindica seu corpo como seu próprio território. Na dança astuta entre feminilidades e masculinidades, elu destrói certezas e constrói a si mesme. Fala para a mãe que precisa tirar roupas do armário, o que abre caminhos para que ao longo dos anos possa também se tirar daquele mesmo armário e anunciar para o mundo um corpo seu. Na rede de afetos e desafetos que a vida vai lhe trazendo, Rute ganha força para se fazer renascer. Moldando-se em argila própria, Rute se faz Rute.

Mas como moldar a si mesme em um mundo de formas pré-moldadas? Como anunciar a si mesme num mundo que prediz o que nós seremos? Não há uma única resposta para tais interrogações. Não há uma negociação fácil. É rígido, duro e muito sólido tudo aquilo com o que nos moldam. Mas nem mesmo a dureza dessas molduras foram capazes de imobilizar os microscópicos movimentos de Rute.

Na infância, lhe vestiam com vestidos floridos e lhe enfeitavam o cabelo com uma série diversificada de adornos coloridos. Seu cabelo crespo, por vezes, era submetido a tentativas de alisamento em ferro quente. Muito tímide e quiete, Rute seguia a rotina de tudo aquilo. Aquela ordem que parecia jamais poder ser interditada, vencia Rute pela repetição. Entretanto, a solidez daqueles moldes que cotidianamente imprimiam no corpo de Rute uma feminilidade padrão e direcionavam o ferro quente como uma forma perspicaz de quebrar a resistência do seu cabelo crespo, aos poucos ia se diluindo na efervescência de conhecer a si mesme.

Outras, outres e outros também constituem dispositivos de interrupção das coisas já dadas como certas e prontas. A paixão pode por muitas vezes ser a causa e o motivo dessas interrupções. E foi na pré-adolescência que esse sentimento atravessou Rute. Entre os 12 e 13 anos, enquanto andava pelas ruas do bairro em que morava, acidentalmente deixou os olhos inertes mirando uma linda menina da mesma idade que elu. Aquele sentimento desconhecido mexeu com Rute. Os dias foram se passando desde aquele esbarrão nada físico, mas totalmente metafísico, que Rute havia vivido. Uma obra acontecia ao lado da casa de Rute. Depressa, essa obra acabou. Ao sair de casa, elu se deparou com a nova vizinha quando abriram o portão de suas casas ao mesmo tempo, em sintonia. Na contramão dos desencontros e no encantamento do apaixonar-se, as nuvens se formaram a favor. A menina que passou a ser vizinha de Rute era a mesma que elu havia esbarrado. Trocaram um sorriso amigável.

Do sorriso, a amizade foi se consolidando. E até por volta dos 17 anos de Rute, Sabrina compunha um dos elementos que ê faziam sorrir. Assim, o primeiro amor de Rute mobilizou o corpo inteiro e ê fez tecer e amplificar as palavras que se situam em nossa epígrafe.

A sábia pensadora bell hooks nos anuncia que "O amor cura", e aquele amor pueril exerceu sua ação curativa e fez Rute olhar para si. Em uma sequência de passos, Rute rompeu com a igreja, já que esta comumente esbravejava que o amor não era para todes, e se desfez das saias e dos alfinetes afiados da feminilidade padrão. Dançou sua própria dança.

Infelizmente, o amor de Sabrina por Rute tinha um teor mais fraternal e não se sustentava pela mesma paixão. Mas, mesmo em estruturas opostas, havia muito amor ali.

Uma amizade consolidou-se, mas por algum motivo inesperado Sabrina precisou mudar de casa e, assim, Rute não voltou a vê-la. Aquilo desencadeou em Rute uma espécie de luto e aquele luto promoveu o retorno de certos silêncios, a timidez ficou mais aguçada e, por muito tempo, sua mãe foi sua única amiga.

Mãe e amiga, Veraldina se fez presente em todos os (re)nascimentos de filhe e, nesse, não foi diferente. A fala de Rute, fio condutor desse segundo ato, foi assimilada pela mãe com tranquilidade. As roupas mudaram e a saída da igreja não foi um problema. A sintonia e o embalo de uma rítmica própria entre mãe e filhe promoveu acolhimento em todas as situações que a vida de Rute pediu colo e orientação.

Rute Ferreira Lima, negre, PCD[1] e fora da norma binária vem moldando-se em (re)nascimentos e resistências. O episódio da partida de Sabrina mexeu fortemente com a autoestima de Rute e reconstruí-la foi um processo longo.

Mas, com a queda, vem também o levantar. E o tempo, como um bom remédio, foi fazendo seu efeito. Elu se divertia com muita frequência, assistindo telenovelas e minisséries. Os enredos lhe interessavam muitíssimo e despertaram, com isso, uma fome literária que Veraldina alimentou por muitos anos.

A mãe de Rute trabalhava com serviços gerais no Aeroporto Santos Dumont, no Rio de Janeiro. Como o local dispõe de uma biblioteca pública, juntes adotaram uma logística eficaz e faziam os livros viajarem semanalmente entre o centro do Rio e o bairro de Campo Grande. Rute anotava os títulos dos livros em bilhetes e a mãe, com muita frequência, visitava a biblioteca para realizar os empréstimos e levar os livros até elu.

Em cada gesto simples, Veraldina trazia à tona a força e sabedoria ancestral que deu suporte para Rute se moldar como Rute com tanta habilidade. Como trazem os ensinamentos da filosofia africana Ubuntu: "Eu sou porque nós somos". Veraldina foi e tem sido, e isso deu possibilidades para Rute também ser.

No nascimento de Rute, em 16 de janeiro de 1977, a primeira enfermeira anunciou o nascimento de um menino. A informação chegou

---

[1] Pessoa com deficiência.

ao seu pai Edson, que esperava ansiosamente a vinda de um menino. Então começou a festejar e organizar um grande churrasco, antes mesmo que Veraldina saísse da maternidade com ê bebê. Porém, a segunda enfermeira assegurou que era uma menina. Certo rebuliço aconteceu no hospital, mas Veraldina o resolveu rapidamente quando reconheceu um sinal de nascença similar ao de Edson no pequeno corpo daquelu bebê recém-nascide ao qual atribuíram o gênero feminino.

Talvez esse tenha sido um acontecimento pouco notório na vastidão da paisagem que tem sido a sua vida. Mas, de certa forma, foi um prenúncio de quem Rute viria a ser. Elu não coube com conformidade nas formas prontas que lhe prepararam. E talvez ninguém caiba em nenhuma dessas formas.

Mas como questionar uma certeza firmada antes mesmo dos nossos primeiros passos? Antes mesmo das nossas primeiras palavras? Antes mesmo da nossa primeira refeição? Como questionar um mundo com regras prontas para serem seguidas, com um manual de instruções de como ser menino/homem ou menina/mulher? Mais uma vez, leitoras e leitories, essa é uma questão com múltiplas possibilidades de resposta e a construção dessas respostas é o desmonte das certezas conservadas por conservadores de coisas amargas. Na rasgadura daquele manual de instruções é que Rute Ferreira Lima tem nascido, morrido e renascido ao longo dos seus 44 anos.

FAMÍLIA FERREIRA LIMA

Quando Rute chegou a este mundo, sua família era composta por sua mãe Veraldina, seu pai Edson e sua irmã Raquel. Veraldina era dona de casa e Edson trabalhava como estofador. A família rapidamente cresceu quando Rosana e Isaías, irmã e irmão de Rute, nasceram. As quatro crianças brincavam bastante e quase sempre juntes. Exploravam as ruas do bairro e o quintal de casa, vivenciando diversas brincadeiras comuns às crianças crescidas nos anos 80, como pique-pega, pular elástico, andar de bicicleta e o subir nas árvores. Uma infância entre muitos sabores e sentidos foi vivida e desfrutada em cada pedacinho.

Mas algumas rachaduras perfuraram aquele pequeno coração infantil. Até a pré-adolescência, Rute mantinha uma relação de afeto e respeito pelo pai e adorava ajudá-lo no estofamento dos sofás, havia certa harmonia em acompanhar a rotina daquele homem. Mas as coisas foram mudando quando Edson começou a intensificar o uso do álcool, passando a fazer um uso abusivo da substância. Aquele homem amável aos poucos foi descortinado por um homem hostil e violento. Diante disso, Veraldina buscou esperança na igreja e passou a seguir seus princípios - uma estratégia muito comum frente às tempestades como a que estava vivendo.

As dívidas foram aumentando e os credores começaram a bater na porta da casa da família Ferreira Lima pelos desfeitos de Edson. E xingavam todes que ali estavam. Veraldina, como sempre muito sábia, buscou estratégias para manter a casa e lutar por sua vida e de seus filhes. Começou a falar com as amigas que estava em busca de emprego. Foi assim que passou a trabalhar como auxiliar de serviços gerais no aeroporto Santos Dumont.

A dinâmica da casa foi mudando, Rute e Raquel assumiram o papel de cuidar des irmães menores, estudar e limpar a casa. Com uma capacidade de gestão incrível, Veraldina organizava os poucos recursos que chegavam em casa por meio de seu trabalho e, assim, garantia o sustento de sua família. E apesar da carga excessiva de trabalho que aquela mulher negra enfrentava diariamente, ela ainda conseguia sorrir e dançar pela casa com sues filhes. A música e a dança faziam parte daquela mulher em cada pedacinho e nem mesmo os atravessamentos que a igreja passou a fazer em suas posturas reduziam a leveza dos seus movimentos, que já tinham na memória a sonoridade do bloco de carnaval carioca Cacique de Ramos.

Aos olhos de Rute, a mãe era uma potência e o pai transitou entre espaços afetivos e de pavor. Edson assumiu hábitos regularmente agressivos com toda a família. A imagem que Rute havia construído nos primeiros anos de vida passou a rachar com muita frequência. Das rachaduras vieram os estilhaços. Entre seus 12 e 13 anos, elu parou de falar com o pai. Mesmo vivendo na mesma casa, filhe e pai passaram a habitar silêncios.

"Com a queda,
vem também
o levantar.
E o tempo, como
um bom remédio,
foi fazendo
seu efeito."

A FEIRA DE CAMPO GRANDE

Rute viveu em Campo Grande de sua infância até boa parte de sua juventude. O bairro é gigantesco, o maior e mais populoso de todo o estado do Rio de Janeiro. Os primeiros a viverem naquelas terras foram o povo originário Picinguaba, mas o nome daquelas terras foi atribuído pelos jesuítas que, ao perceberem aquele amplo espaço, decidiram nomeá-lo Campo Grande. Aquelas terras indígenas viram de um tudo, do plantio do contexto rural aos tijolos do processo de industrialização. Em certo ponto de sua longa existência, no entanto, Campo Grande passou a ser uma força comercial. Diante disso, em 1968, o governador Francisco Negrão de Lima assinou uma lei que tornava Campo Grande uma cidade; mas foi uma lei que, apesar de assinada, não teve efeitos práticos.

A casa da família Ferreira Lima ficava e ainda fica localizada em Santa Margarida, que é uma espécie de sub-bairro dentro do continental bairro de Campo Grande. Uma das paisagens e memórias preferidas de Rute são os sons, as texturas e os gostos que as feiras por lá tinham. Havia e provavelmente há ainda uma onda de afeto movendo as feiras, a sonoridade comum àqueles espaços criam uma percussão melódica e harmônica entre as vozes que anunciam mercadorias de todo tipo. A habilidade de negociar, baratear, carear – tudo está lá. Há vida nas feiras, há movimento, há vozes, distintas vozes, há cores e sabores múltiplos que encantam os cinco sentidos e outros ainda não descritos por ninguém.

O encantamento de Rute pelas feiras era imenso quando elu era pequene e tinha o sonho de fazer parte daquele lugar aconchegante. Estabeleceu metas e seguiu rumo aos seus objetivos. Passou a fazer pequenos serviços pelo bairro e, entre os 11 e 12 anos, começou a capinar os quintais dos vizinhos e a fazer outras coisas que apareciam por lá.

Juntou dinheiro e comprou uma máquina que eficazmente descascava e cortava legumes e frutas. Elu pegava alguns sacos pequenos e organizava os produtos. Decidide, foi à feira, ajeitou uma mesa e colocou seus produtos à venda. Rute conseguiu rapidamente vender tudo e seu primeiro empreendimento foi um sucesso. Como nos filmes hollywoodianos em que comumente crianças colocam limonadas à venda, tivemos um roteiro adaptado pele[2] carioca apaixonade por feiras.

A experiência estava sendo bem-sucedida até que colegas da escola viram Rute trabalhando na feira e passaram a praticar bullying com elu, zombando constantemente delu. Isso fez com que Rute fechasse sua pequena iniciativa. É importante salientar que a prática de bullying decorrente de sua atividade na feira não foi uma situação isolada ao longo de sua vida escolar.

Como uma pessoa negra que rompe com as normas de gênero e sexualidade, Rute viveu as mazelas do sistema educacional que operava e, infelizmente, ainda opera sobre os moldes eurocêntricos, colonizados e racistas institucionalizados no Estado brasileiro. Apelidos e outras práticas simbolicamente e discursivamente violentas foram direcionadas a elu pelas outras crianças. A ausência de uma educação antirracista no Brasil tem aberto, ao longo das décadas, muitas feridas em gerações inteiras de crianças e adolescentes negres.

Conforme foram crescendo, essas gerações precisaram utilizar muitos mecanismos de sobrevivência. Em seus estudos, a filósofa Sueli Carneiro indica que ser negre num país como o Brasil é, às vezes, "experimentar uma condição de asfixia social". Empreender e ser extremamente criative, em algumas circunstâncias, é uma das poucas saídas que temos para nos mantermos de pé em condições tão sufocantes. Nesse território de muitas histórias, memórias e enredos é que nosse biografade cresceu.

DA ESCOLA AO TRABALHO

Veraldina se empenhou para que as crianças ingressassem no trabalho formal a partir da maioridade, evitando, dentro do possível, qualquer inserção precoce no mundo do trabalho. Garantiu com muitos esforços que elus se dedicassem exclusivamente aos estudos e às tarefas domésticas que a casa da família demandava e, só quando puderam trabalhar, assumiram também o compromisso de contribuir com a casa.

---

2 Leia com o som de "pêle".

"Há vida
nas feiras,
há movimento,
há vozes,
distintas vozes,
há cores
e sabores
múltiplos..."

Assim, ao concluir os estudos, Rute, primeiramente, buscou realizar provas de acesso às universidades públicas. Mas infelizmente, o sistema excludente impossibilitou que elu acessasse o ensino superior naquele momento. Havia muitas carências estruturais nas escolas públicas que elu frequentou. Geralmente as aprovações vinham de estudantes das escolas privadas. A falta de investimento público na educação tornava as condições de acesso à universidade extremamente desiguais.

O insucesso nos exames desanimou Rute, mas não eliminava o horizonte de cursar uma faculdade. Com ajuda de Veraldina, conseguiu seu primeiro emprego na empresa Hermes no ano de 1997 e a contratação serviu de luz para a retomada do sonho de fazer uma graduação. Mas, naquele momento, havia pouquíssimas iniciativas de financiamento estudantil para jovens trabalhadories.

Veraldina, que estabelecia facilmente boa relação nos locais em que trabalhava, falou com uma bancária com quem trabalhava sobre o sonho de sue filhe. A mãe da bancária trabalhava em uma universidade privada. Conduzindo amigavelmente a conversa, Veraldina conseguiu uma bolsa de 50% para Rute cursar Direito.

Rute agarrou essa oportunidade e passou a conciliar o trabalho na Hermes com a rotina da faculdade. Em alguns momentos, pegou faxinas para fazer e diversos outros serviços, buscando assim garantir seu acesso e permanência no curso universitário.

A CARTA

O primeiro emprego é, decerto, uma experiência marcante em nossas vidas. Mesmo muito tímide, Rute começou a desenvolver relações amigáveis naquele ambiente e dedicava-se intensamente aos trabalhos que por lá desenvolvia no cargo de auxiliar de produção.

Apesar da rotina cansativa que Rute enfrentava diariamente, seu coração encontrava breves repousos e seus olhos encantaram-se por uma das colegas de trabalho. Os sentimentos eram velozes e aparentemente recíprocos, já que Fernanda, a colega em questão, deixava pontas de frases soltas entoando certo tom de desejo e olhares mensageiros de afeto.

Em um ato de coragem, Rute escreveu uma linda e afetuosa carta para Fernanda. Nela, descreveu toda a paixão que já não cabia em si e necessitava ser lançada por meio da caneta ao papel.

Todavia, Fernanda armou um golpe cruel. Fez diversas cópias da carta recebida e as entregou a cada uma das mulheres que trabalhavam no setor.

Quando Rute chegou ao trabalho e entrou no vestiário, todas as mulheres cobriram o corpo com rapidez e agilidade, atribuindo-lhe culpa e promiscuidade pelo simples fato de ter escrito uma carta romântica. Uma única mulher se pronunciou em defesa e falou que a atitude das colegas frente ao acontecido não tinha sentido.

Mas essa ação isolada era insuficiente diante da ação estratégica pensada e elaborada por Fernanda. A cis-heteronormatividade movimentou o corpo daquelas mulheres em conjunto gerando aversão e desrespeito frente à forma de Rute ser e sentir.

Foram dias de sofrimento intenso até decidir sair do emprego e contar tudo para sua mãe. Veraldina escutou tudo com muita preocupação e seguiu o que Rute costuma chamar de "Manual da Mãe de Sapatão". Ela chorou e chorou muito e, em seguida, disse que não sabia o que havia feito de errado. Depois, chorou mais um pouco e, por fim, aceitou e advertiu Rute para que não trouxesse ninguém para casa e que não chegasse tarde.

Na Hermes, o emprego de Rute se manteve, mas elu foi transferide de setor. No novo setor, fez amizade com um quinteto[3] LGBTQIA+ composto por Regina, Leonor, Mariana, Cássio e Fátima. Havia ali um ponto de equilíbrio após aquela experiência tão sufocante vivida no setor anterior.

Mariana, de maneira sensível, captou as expressões singulares escondidas na timidez de Rute. Em uma tarde aconchegante na casa de Fátima, Mariana e Rute se beijaram. Assim, Mariana foi o primeiro beijo e o primeiro namoro de Rute, aquela memória gostosa e desconcertante das primeiras vezes. Porém, a relação entre ambes foi duramente interrompida por suas mães, gerando uma dor profunda e paralisante.

Após sua saída da Hermes, Rute fez uma variedade de trabalhos na esperança de continuar mantendo sua faculdade. Porém, as circuns-

---

3 A pedido dê biografade foram atribuídos alguns nomes fictícios.

tâncias não foram as melhores e o dinheiro não era suficiente. A faculdade teve que ser trancada.

O desemprego durou alguns anos e os famosos bicos tornaram-se rotineiros. Um deles eram aulas de reforço para alfabetização e, outro, aulas preparatórias para concursos. Essas aulas eram organizadas na sala da casa de sua família, onde Rute contava com um quadro emprestado da igreja que Veraldina participava.

Cássio manteve-se próximo ajudando como um bom amigo na cicatrização daquelas dores. Ele e Rute andavam muito pelo Rio de Janeiro, assistiam peças e aproveitavam os espaços culturais do centro histórico e a noite carioca.

Uma amizade verdadeira pode ser uma fonte de forças em tempos cruéis, um motivo para tirar sorrisos dos esconderijos. Cássio foi isso: um ótimo amigo e a porta para outros ritmos de vida. Essa amizade impulsionou, assim, uma rítmica capaz de desafogar parte das dores acumuladas nas duas primeiras décadas da vida de Rute.

CAPÍTULO

02

NO BALANÇO DE BANZEIROS

COPACABANA

Na despedida do ano de 1999 e na chegada do ano 2000, que demarcava fortemente a proximidade do novo milênio, Rute e Cássio decidiram participar de uma festa em Copacabana.

O réveillon é, com certeza, um momento de muitas expectativas e planos. Mesmo assim, nenhuma imagem que Rute havia projetado do ano 2000 foi capaz de representar as mudanças que aquela noite desencadearia em sua vida.

A nossa incapacidade de prever os nossos próprios passos é, talvez, uma das partes mais interessantes da dinâmica da vida. Há surpresas boas, há surpresas ruins e há ainda aquelas dos dois tipos. E em todas há vida. Uma vida fluindo em fluxos próprios, mas que vai colidindo com outros fluxos. A solidez é facilmente diluída diante da ausência de certezas sobre coisas singelas, como um próximo passo.

A virada de ano em Copacabana é um espetáculo para ser televisionado, mas também é um tipo muito específico de espetáculo: o das sensações. O vento, as ondas do mar que parecem ser esculpidas de uma forma particular para aquele momento, a areia em cada grão, o eco das vozes de cariocas e turistas de todos os lugares, a multidão.

Há também memória marcada na areia, no vento e no mar. Memória daqueles que, nos anos 1970, iniciaram as simbólicas saudações à Iemanjá; memória da cascata de fogos do Hotel Meridien nos anos 1980; memória das vozes potentes de Tim Maia e Jorge Ben que, em 1993, iniciaram os shows de réveillon na areia de Copacabana. Há memória. E onde há memória, há também espetáculo de sensações.

Nesse cenário de expectativas e sensações, Rute e Cássio chegaram ao apartamento de Camila, anfitriã da festa. Muita alegria e esperança espalhavam-se pelo ar. Entre brincadeiras e cochichos, os vários casais ali presentes começaram a indicar que, como Rute e a anfitriã estavam solteires, eram, assim, o único único casal que ainda precisava ser formado na festa.

Na irresistível dança da cordinha, todes es convidades formaram seus pares. Rute e Camila se aproximaram e também formaram um par para a dança. Na passagem pela cordinha, a profecia des convidades se concretizou e elus então se beijaram. Depois de um beijo veio outro e mais outro, sempre acompanhados de muita conversa boa, troca de olhares e toda a magia comum aos romances iniciados na passagem de um ano ao outro. Assim foi a noite e a madrugada inteira.

Depois daquele dia iniciaram um namoro. Rute passou a frequentar a casa de Camila todos os fins de semana e conviver com es muites amigues da nova namorada.

Assim, uma nova vida inaugurou-se. Sua rede de contatos e afetos ampliou-se significativamente após aquele marcante réveillon de 1999-2000. Dentre essus noves amigues estava Mico (Adalmir), um fotógrafo manauara que viajava bastante por todo o território nacional e que dividia sua vida entre o Rio de Janeiro e Manaus, deixando sempre um de seus apartamentos vazios.

Em um dos fins de semana na casa de Camila, entre uma conversa e outra, Mico (Adalmir) fez uma proposta irrecusável para Rute. Ele mencionou que gostaria de dividir o apartamento que tinha em Copacabana com elu, já que o lugar frequentemente ficava vazio por conta de suas constantes viagens. Naquele momento, Rute trabalhava na empresa Happy Kids, no Shopping Rio Sul, e percorria diariamente um longo trajeto da casa de sua família em Campo Grande até o shopping. Residir em Copacabana facilitaria consideravelmente o percurso até o trabalho e poderia, assim, experimentar um outro lar, uma nova realidade. Elu aceitou a proposta de prontidão.

O apartamento era pequeno, mas nos fundos havia uma janela com vista para o mar de Copacabana. Ao acordar, a primeira coisa que Rute fazia era ver o mar e elu rapidamente virou praieire. Jogava muito frescobol com es amigues e, sempre que possível, reservava uma hora do dia para correr na praia.

Copacabana tem seu ritmo próprio e, como Rute mesmo descreve: "é um lugar que não dorme". Elu aderiu facilmente ao ritmo do seu novo bairro. Junto com es amigues, saía constantemente nas manhãs e tardes para as praias e, nas noites, conhecia e apreciava variadas boates gays. As vozes de Whitney Houston e Madonna embalavam aquele novo cotidiano.

Os anos passaram brevemente por ali e as mudanças foram acontecendo. Não demorou para elu largar o emprego na Happy Kids e buscar alternativas para voltar a estudar, pois visualizou que não haveria condições de conciliar aquele emprego com o sonho que tinha.

Os romances foram acontecendo, fazendo-se e desfazendo-se no tempo que precisavam ser vividos. As amizades se ampliaram naquele apartamento adorável com vista para o mar. Apesar de pequeno, ali cabiam todes que chegavam - e sempre chegava alguém para o "esquenta" antes de alguma festa. Adalmir tinha muitos amigos do Amazonas e, dessa maneira, Rute acabou convivendo e virando amigue dos amazonenses Lúcio[4] e Oyama.

No carnaval de 2003, Lúcio pediu que Rute buscasse Laura[5], uma ex-namorada, no aeroporto e a recebesse no apartamento que dividia com Adalmir. O pedido do amigo foi acatado sem nenhum problema e elu fez companhia para aquela moça com um lindo corte chanel e com os braços cobertos de pulseiras enfeitadas com sementes e miçangas. Laura levava consigo um pouquinho do seu território para onde fosse.

Provinda de Humaitá e moradora da cidade de Manaus, Laura seguiu rumo ao Rio de Janeiro em busca de Lúcio e da retomada da relação que eles tinham. Fortemente guiada por suas paixões e afetos, sua visão de mundo visceral e incendiária aquecia.

Entretanto, a falta de interesse de Lúcio era um tanto notável: ele sequer se esforçou para buscá-la no aeroporto ou recebê-la adequadamente. Mas os objetivos românticos da viagem de Laura não caíram por terra, apenas assumiram outra forma e direção, como uma bifurcação em uma estrada.

Aquele festeiro grupo de cariocas e amazonenses curtiram muitos blocos no carnaval. Aos poucos Laura e Rute conectavam-se entre olhares, toques e até mesmo nos pequenos esbarrões das multidões aglomeradas na banda de Ipanema e no cordão do Bola Preta.

Mas foi sob o pôr do sol da Avenida Niemeyer que Laura se declarou em uma única frase capaz de mudar tudo que já estava tão incerto: "O Rio é lindo né, Rute? Eu estou apaixonada por duas coisas aqui, o Rio e você".

Rute ainda era muito tímide. A frase de Laura foi um susto, mas aquele tipo de susto bom. Entre conversas e andanças pelo Rio de Janeiro, a típica reciprocidade de amores impossíveis configurou-se adequadamente naqueles jovens corações.

---

[4] Nome fictício.

[5] Nome fictício.

"Os romances foram acontecendo, fazendo-se e desfazendo-se no tempo que precisavam ser vividos."

Diante de uma situação que parecia complicada, surpreendentemente Lúcio reagiu de forma positiva a tudo e apoiou o casal que ali se formava. Mas Laura precisava retornar a Manaus e a nova paixão morava no Rio.

O impasse era muito claro, mas para Laura cada desafio ressoava como uma necessidade. Antes da sua partida, disse que voltaria para o Rio para buscar Rute.

Rute manteve-se incrédule diante daquelas promessas: seguiu sua rotina em Copacabana e manteve sua busca por um novo emprego.

Algumas vezes em nossa vida o improvável acontece e nos bate à porta. De certa forma, Laura era o improvável. Ela de fato voltou ao Rio de Janeiro, comunicando que estava pronta para voltar a Manaus, mas somente se fosse acompanhada.

Laura havia largado o emprego para ficar no Rio o tempo que fosse necessário. Rute refletiu por algum tempo sobre a proposta. Naquele momento, estava desempregade e tinha muita curiosidade pelo que havia para além do Rio de Janeiro.

Decidiu ir, mas antes de partir teve uma longa conversa com sua mãe. Afetuosamente, ela indagou: "Rutinha, eu não posso te segurar aqui, você é maior, mas você já pensou se essa mulher te larga, lá no Amazonas? Você sabe onde é o Amazonas?" A pergunta perspicaz e necessária não obteve respostas naquele momento. Elu só decidiu partir com Laura.

MANAUS

Rute não sabia muita coisa sobre Manaus e o pouco que sabia era baseado em uma propaganda feita por um governante. Infelizmente, essas propagandas apagam um pouco da realidade das cidades e tendem a focar no que as lentes querem captar, filtrando, filtrando e filtrando até o ponto em que a verdade não seja mostrada.

Quando chegou em Manaus, foi morar em um apartamento que Laura havia alugado e mobiliado na movimentada avenida Silves. O lar era aconchegante, confortável e afetivo.

Nos primeiros dias de sua estada, ambes já viajaram de barco para Barreirinha. Laura tinha um profundo compromisso social com as comunidades ribeirinhas e executava projetos em muitas áreas do Amazonas. A viagem foi um choque cultural. Rute não reconhecia o pé-de-moleque amazonense como o pé-de-moleque oficial, julgava com olhos sudestinos os sabores da Amazônia e recusava prontamente qualquer caldo de bodó que lhe oferecessem. O paladar aos poucos foi aprendendo a lidar com as diferenças e o sentimento de pertencimento ao Amazonas foi fortificando-se ao longo dos anos.

Laura havia planejado manter a casa pelos meses que iriam se seguir por meio dos valores que recebeu após a demissão.

Infelizmente, no dia de sacar esses recursos, ela foi furtada e ambes ficaram sem fundos. Por sorte, entre es muites amigues de Laura, ume delus abriu as portas de sue casa e es abrigou.

Os tempos foram difíceis, mas es dues faziam tudo juntes e toda a vida de ume estava extremamente entrelaçada à de outre. Apesar dos terremotos, havia forças para se reerguerem.

Laura havia encontrado dificuldades para concluir a graduação. Rute então passou a acompanhá-la nas aulas do curso de Economia e logo ela concluiu. Laura, por sua vez, passou a ser fiadora do financiamento estudantil de Rute. De mãos dadas, conseguiam juntes um pouquinho de tudo que precisavam.

Conseguiram empregos, compraram uma casinha, tiraram a carteira de habilitação e o carro veio depois.

Tudo ia bem, mas, lembremos, Laura aquecia. E aquecia por ter o espírito incendiário. Na instabilidade de temperaturas, atingia graus elevados, promovendo explosões e espalhando estilhaços.

Passados quase cinco anos de relação, Laura começou a ficar distante e a distância ia aumentando cada vez mais. Es dues só se encontravam pela noite, pois o dia de Rute era dividido entre o estágio na Secretaria de Mercados e Feiras e a faculdade de Direito.

Talvez já houvesse ali sinais que indicavam a ruptura da relação. Porém, há muitas maneiras de se terminar um relacionamento. Laura escolheu uma das piores.

Ao apaixonar-se por um colega de trabalho, decidiu levá-lo para casa. Justificou que queria casar e ter filhos com aquele homem. E, com a mesma velocidade que trouxe Rute para sua vida, também ê tirou.

“O percurso foi um pouco espinhoso no começo, mas as coisas começaram a dar certo.”

"FUI PRA ONDE TODA PESSOA SEM TETO VAI: PRA RUA"

Sem ter para onde ir, Rute colocou suas coisas em malas e mochilas e foi até o aeroporto: aquele seria o único lugar que não a expulsariam rapidamente e nem estranhariam sua constante circulação pelos espaços com malas e mochilas.

A primeira noite foi a mais doída. As perguntas que Veraldina havia feito no ano em que partiu do Rio para Manaus voltaram com a força de um trem e, como os ruídos de um metrô lotado, invadiam cada parte de Rute. A sensação de que tudo, tudo, tudo havia dado errado foi intensa, sofrida e solitária. E não há nada mais doloroso do que a solidão em momentos de luto como aquele.

Podemos entender o luto de muitas formas, mas, decerto, o fim tão repentino e cruel de um relacionamento de anos é uma experiência bem próxima ao luto. Você perde alguém. Você perde um pouquinho de você e uma porção considerável de sonhos e esperança. Você quebra, você sofre e você dói. Dói muito.

Rute perdeu Laura, a casa, o lar, a cama e a comida na mesa. Rute perdeu.

Quando a queda acontece, parece que não é mais possível parar de cair. Eventualmente, encontramos alguma motivação de ordem desconhecida que nos faz perceber que há algo além da queda e nós a interrompemos. Às vezes a interrompemos aos gritos, como quando acordamos de um pesadelo, e em outros momentos só decidimos pedir socorro a alguém.

Esse alguém foi Ingrid, uma colega de estágio na Secretaria Municipal de Mercados e Feiras. Rute tinha muita vergonha de tudo que havia passado após o rompimento traumático e pedir ajuda era muito difícil. A única pessoa com quem naquele momento elu conseguiu se abrir foi Ingrid.

Ao escutar toda aquela história, Ingrid se emocionou bastante e, com muita empatia, convidou Rute para morar com ela e sua mãe. Elu aceitou e pôde deixar o aeroporto no qual morou por cerca de um mês.

A mão que Ingrid e sua família estenderam possibilitou um recomeço de vida em Manaus, pois ali havia um lar.

FIES E O DR. ELISEU

Após sua separação, Rute ficou sem fiadora no financiamento estudantil que utilizava para cursar a graduação. Tentou muitas conversas no banco, explicou de diversas maneiras a situação e contou tudo o que havia acontecido, mas nenhuma porta era aberta e nada se apresentava de forma favorável.

Os programas de financiamento estudantil ainda não tinham sido ampliados nesse período. Os sonhos de Rute pareciam estar escapando de suas mãos mais uma vez, justo no ano em que havia iniciado uma pesquisa de iniciação científica com a Dra. Sônia Alfaia no Instituto Nacional de Pesquisas da Amazônia (INPA).

As alternativas e tentativas de rever o financiamento estudantil pareciam estar esgotadas. Diante disso, jogou com a sorte e solicitou uma conversa com o diretor da Escola Superior Batista do Amazonas (ESBAM), Dr. Eliseu Rodrigues de Lima.

A partir das relações amigáveis de trabalho desenvolvidas no INPA, pediu auxílio para a escrita e assinatura de uma carta direcionada ao diretor da faculdade explicando o contexto que se encontrava. Com a colaboração da orientadora, Rute estava com a carta nas mãos.

Correndo contra o tempo, conseguiu finalmente falar com o Dr. Eliseu e contou para ele toda a sua história, apresentando, assim, a carta assinada por sua orientadora.

De modo muito sensível, Dr. Eliseu pegou a carta e, por meio dela, concedeu 100% de bolsa a elu até o final do curso, além de orientá-le sobre os procedimentos que precisava seguir. A capacidade de escuta e a solidariedade de Dr. Eliseu foi essencial para a vida de Rute e a realização de seu sonho.

A sensação da queda foi então freada fortemente pelas mãos de Ingrid, Dra. Sônia Alfaia e sua equipe, e Dr. Eliseu.

CAPÍTULO

03

SOBRE NADANDO ÁGUAS INCON FORMADAS

EM BUSCA DE UM LAR

A casa de Ingrid era acolhedora e funcionou por um tempo como um lar, mas um lar temporário. Rute precisava de um espaço para chamar de seu, um lugar para chorar à vontade, acordar tarde, deixar vazio e/ou cheio, um lugar seu na sua nova cidade.

Ingrid, Márcia e Rosa são os nomes de algumas das mulheres que se mobilizaram para que elu encontrasse um de seus primeiros lares em Manaus: um quarto, no Morada do Sol, que custava R$250 por mês. Cabia certinho no bolso e era, de certa forma, um investimento que Rute faria em si mesme.

Aquele lugar, indicado por Márcia, era perfeito. Pequeno, mas perfeito. Rosa Lorena cedeu o colchão, o lençol e o travesseiro que compuseram sua primeira mobília.

Para quem gosta da solitude, era bom ter aquele lugar para chegar e deitar todos os dias. Importante pontuar que solitude não é solidão. A solitude se resguarda da dor. É, na verdade, um estado de contemplação.

Após resistir a tantas atmosferas sociais claustrofóbicas, ter seu próprio espaço na cidade de Manaus e criar novos vínculos era uma conquista. Es noves amigues e o novo lar se distinguiam dos vínculos iniciais, já que eram, por muitas vezes, apenas desdobramentos da vida de Laura.

Manaus começava a ser uma casa sua e não mais uma casa compartilhada. Não era mais por Laura. Nada mais era por Laura.

A vizinhança era agradável. Abrigava aqueles que a sociedade estruturalmente havia desabrigado. Como Rute rememora, ali habitavam "os excluídos, as mulheres sem marido, as travestis, as putas, as sapatão, os viados". Qualquer um que casualmente não tenha se curvado ao imaginário do ideal da família cristã, burguesa, branca e cis-heteronormativa poderia andar naqueles corredores livremente. Corpos dissidentes ali transitavam em uma esfera própria de liberdade.

Lavar as roupas na área de lavagem coletiva era sentir um pouco o gosto e o cheiro de um mundo em que ainda não vivemos, um mundo em que diferentes timbres de voz ecoavam sem medo. Os poderes microscópicos desses pequenos espaços de liberdade são potências que passam despercebidas, mas que ficam na gente de alguma forma.

Nesse período, Rute ainda trabalhava na Secretaria Municipal de Meio Ambiente e Sustentabilidade (SEMAS). Lá conheceu Ciça, Kátia e Abraham. A rotina de trabalho passava de forma prazerosa na companhia daquelus três. Não era difícil supor que ali nascia uma grande amizade. Assim, esse vínculo feito entre cafés e papeladas se manteve ao longo dos últimos 15 anos.

Quando se uniram, Abraham havia rompido com o marido. Sua casa estava de certa forma vazia, como geralmente ficam as casas após alguma separação. Havia espaço para mais gente chegar e ele sabiamente fez o convite.

Rute e Abraham passaram a morar juntes. A casa era no Parque Dez. Grande e confortável. Os vizinhos eram familiares de Abraham, a rua transmitia uma sensação já vivida antes, trazia um sentimento de estar em casa e em família - algo que elu já não sentia há muitos anos.

Passaram a dividir as despesas e a compartilhar os momentos. O amor por plantas e animais era um traço comum. A casa era equilibrada entre a quietude e os jantares sonoros. Aquela foi a casa que elu melhor se encontrou, pois havia encontrado um irmão. Não só um irmão, como toda uma família manauara com quem comemora festividades como o Natal até hoje.

Em todas as suas experiências de trabalho, Rute demonstrava-se impecável e agarrava-se com firmeza a cada porta que lhe abria - carregava o peso das portas fechadas em suas vivências. Assim, foi indicade a um cargo comissionado na SEMAS quando ainda atuava como estagiárie.

Com isso, pôde experienciar um momento de maior estabilidade financeira. E mesmo que a casa de Abraham fosse um lugar de ótimos encontros, elu sentia a necessidade de ter um lugar para chamar de seu e poder, assim, passar mais horas em sua solitude. No ano de 2008, com algumas economias guardadas, comprou sua própria casa no bairro do Nova Cidade.

A mudança para a nova casa foi leve e tranquila. A vida estava muito diferente, as coisas caminhavam bem no trabalho e no curso de Direito e, finalmente, Rute havia se estabelecido em Manaus.

Mas ao longo da nossa vida é muito comum nos depararmos com amigues cupidos. Você, de certa forma, já viveu ou vai viver isso em algum momento. Caso já tenha vivido, com certeza lembrou de algume amigue que teimou em ter essa função na sua vida. Bem, Sabrina e Rafa foram as amigas-cupidos naquele instante.

Entre cochichos e flechas imaginárias, ambas anunciaram que haviam conhecido o par perfeito para Rute: a estudante de biologia Maria[6]. Elu até tentou desconversar, mas os cupidos eram um tanto convincentes e, por força do destino ou do acaso, Maria e Rute atravessaram ao mesmo tempo uma rua movimentada da cidade de Manaus. Sabe essas ruas que só existem em Manaus? Sabe aquele trânsito caótico em que os pedestres constroem seu próprio semáforo, acenam com a mão e decidem que o sinal está vermelho para os motoristas? Bem, leitories, não consigo pensar em um cenário diferente para esse encontro.

Cruzaram os olhares em meio à multidão. Não foi muito, mas foi o suficiente para Rute rapidamente indagar seus cupidos com uma breve descrição da moça que havia esbarrado no trânsito. Sabrina e Rafa confirmaram que aquela era uma descrição perfeita de Maria. Pronto, elu estava convencide: pediu para conhecer Maria.

O percurso foi um pouco espinhoso no começo, mas as coisas começaram a dar certo. Logo, ambes iniciaram um namoro. Passavam muito tempo juntes na casa nova, curtiam as noites em casal e/ou em grupos no Muiraquitã e às vezes faziam trilhas, coisa que Maria adorava.

DIA 29 DE DEZEMBRO DE 2008

Após alguns meses do relacionamento, Rute decidiu presentear Maria com uma viagem. O primeiro destino que veio à mente foi o Rio de Janeiro. Era o plano perfeito. Porém, os voos não coincidiam com o período que haviam planejado. Com isso, resolveram pensar em outro destino.

Maria havia sido adotada ainda na infância por Dona Ivone. Ela não tinha muita lembrança da mãe biológica e sempre guardou um profundo desejo de revê-la. Dona Ivone nunca tinha deixado de manter contato com a família biológica da filha adotiva e, ao longo dos anos, cultivou em Maria a esperança de reencontrar sua outra mãe. O destino dos sonhos de Maria não era o Rio de Janeiro, mas sim o Pará, estado vizinho do Amazonas.

6 Nome fictício.

Diante da impossibilidade de comprar passagens para o Rio de Janeiro, ela não pensou duas vezes e sugeriu como destino Ananindeua, município do Pará que sua mãe biológica residia. Em acordo, o casal seguiu até o Porto de Manaus para comprar as passagens.

O Porto é um lugar de muita gente, um lugar sempre cheio, sempre com trânsito de pessoas. É fácil de encontrar as caras pálidas das pessoas europeias que ainda insistem em chegar, em nos pesquisar e em nos catalogar. É incrível como sempre estão por lá com garrafas de dois litros de água, bochechas vermelhas, cabelos loiros e roupas em tons pastel. Acho que os tons pastel devem ser alguma alternativa para não se misturarem com o colorido da nossa gente. Desculpem a imagem estereotipada da pessoa europeia que visita Manaus, mas essas são imagens comuns por ali. Também encontramos facilmente o riso gostoso de quem acabou de chegar, geralmente trazendo um saco de farinha e tucumã do terreno para algum parente da capital. Tudo ali sempre tende a chegar e partir com um pouco do que dizem ser Manaus.

O porto é um lugar bom para respirar. O ar é um pouco diferente, talvez pela proximidade com aquele rio tão particular por suas águas negras, talvez pelo sol ou até mesmo pela ausência do mar. Na constância desse talvez, o mais certo de se dizer é que as sensações nunca adormecem ali.

E foi na compra do bilhete que as sensações borbulharam em Rute. A mente fervilhava em negativas. As férias começaram a ser temidas. E enquanto a data da viagem não chegava, vários pensamentos passaram a ocupar a mente. Elu sentia que algo de ruim lhe aguardava naquela viagem. O pressentimento se mantinha inquieto.

Rute lembra que, depois que comprou a passagem, sentiu que "todas as entidades espirituais se arrebataram dos seus planos" e buscavam anunciar que aquele destino não deveria ser seguido.

Os dias passavam lentamente e o desconforto era contínuo. Durante o aniversário de Maria, na praia do Tupé, elu pôs-se a chorar. Mesmo que aquele fosse um momento alegre, havia certo peso ali. Então, chamou a namorada e falou que precisaria muito dela em momentos futuros. Maria se espantou com a fala e o choro, perguntou se era algo no trabalho, mas ê namorade anunciou que era algo muito pior que isso.

As emoções pesavam como âncora.

A data da viagem chegou. Es dues seguiram com todas as malas em direção ao barco. O trajeto é geralmente longo e um tanto cansativo, mas a paisagem é totalmente compensatória. O cheiro do rio, o cheiro das folhas, o som dos galhos soltos no rio, o embalo das redes, vitórias-régias, botos, prosas e "assuntamentos" de toda sorte compõem o cenário harmonioso dos barcos. As cenas criadas ali são únicas. Mas apesar de toda aquela composição de cores e sabores, a mente de Rute ainda temia as sensações desconhecidas que aquela viagem impunha.

Os pressentimentos mantinham-se a todo tempo martelando certa agonia. Mas nada acontecia. E até o dia 28 de dezembro de 2008, eram apenas pressentimentos. Após o barco, elus seguiram pelas estradas, mas quando Rute se deparou com a BR-316, a preocupação redobrou. Havia muito movimento de carros, carretas e caminhões.

Elu insistiu à namorada que não queria retornar pela BR-316. A namorada assentiu com a cabeça, concordando. A viagem estava sendo agradável, apesar das preocupações. Ao finalizar as visitas, o casal se aproximou de uma calçada para aguardar a chegada de um táxi. Os familiares de Maria faziam companhia a elus.

A calçada em que estavam era muito próxima à BR tão temida. Havia ali, e até hoje ainda há, cruzes representando as vidas que foram tiradas naquela movimentada rodovia. Em conjunto, aquelas cruzes e o som da rodovia que faz tudo ao redor ser inaudível, tornavam aquele ambiente incômodo e até mesmo amedrontador.

Naquele dia 29 de dezembro de 2008, no entanto, os pressentimentos foram silenciados pelo impacto de um caminhão que ultrapassou a calçada.

O corpo de Rute, apenas o corpo delu, foi fortemente atingido. Maria e seus familiares não sentiram o peso físico do caminhão, mas o abalo emocional ocorreu em sintonia. Maria ficou inconsolável naquele momento.

Com o corpo embaixo do caminhão, Rute sentiu que via a si mesme, como se seu espírito tivesse saído de si e feito um voo rápido e temporário para lhe ajudar a conduzir o fim daquele momento. Quando voltou a si, olhou para os membros inferiores, sentiu a profundidade daquela dor que havia repentinamente retirado uma parte de si e segurou com firmeza a veia femoral que sangrava incessantemente.

"As emoções pesavam como âncora."

Enquanto buscava estancar o sangramento, quase que sem nenhum recurso, elu se manteve estátique aguardando a chegada da ambulância e olhava fixamente para os céus do que elu garante que foi "o dia 29 mais lindo do mundo".

A memória buscou acolhimento e consolo. Elu trouxe, assim, trechos bíblicos que possibilitavam algum conforto frente àquele momento. Recitou o Salmo 23 e se apegou às palavras: "O Senhor é o meu pastor, nada me faltará. Deitar-me faz em verdes pastos, guia-me mansamente a águas tranquilas. Refrigera a minha alma; guia-me pelas veredas da justiça, por amor do seu nome".

A verbalização daquelas palavras, aos poucos, foram tranquilizando Rute. A primeira ambulância do SAMU passou, mas não parou ali pois já estava levando outro paciente que havia sofrido um acidente na BR-316. Somente quando a segunda ambulância passou, foi feito o atendimento. A paramédica notou que havia uma mochila com Rute e, ao pensarem em retirá-la, ordenou que não o fizessem: a mochila era o que mantinha a cervical estável.

Com todo o cuidado, cortaram a mochila e encaixaram um colar apropriado em volta do pescoço de Rute. Mas, antes que ê colocassem na ambulância, Rute pediu para que pegassem sua carteira e passou o contato de sua família no Rio de Janeiro. Depois disso, seguiu na ambulância.

Os hospitais da região estavam todos lotados. A paramédica percebeu que não haveria condições de seguirem até Belém. Correu contra o tempo e usou todas as estratégias que estavam ao seu alcance para garantir que Rute fosse hospitalizade. Orientou o motorista da ambulância a estacionar na entrada de um dos hospitais e exaustivamente argumentou com a administração do local que aceitassem a internação. Após alguns muitos minutos, conseguiu convencê-les.

O SUS salva vidas. Essa frase se tornou um lema em 2021, diante dos ataques que o Sistema Único de Saúde (SUS) sofreu ao longo últimos anos.

O SUS salva vidas e Rute teve ali toda a assistência necessária. Até hoje elu fala que, se ganhasse algum prêmio de loteria, sua primeira atitude seria distribuir recursos ao SAMU porque aquelus profissionais fizeram e fazem de um tudo por cada vida que se deita naquelas macas.

Foram cinco dias em coma. Quando acordou, já era janeiro. Espantou-se, primeiramente, com a sala em que estava: havia muito azul e nuvens por se tratar de uma antiga pediatria. De antemão, pensou que fosse o céu. Até que a chefe, Rosana Subirá e a mãe apareceram. Após cinco dias de coma, aquilo realmente parecia o céu. Mas não era. Era apenas mais um pedacinho da Terra chamando por vida.

A equipe médica estipulou que Rute teria alta após três meses de internação. Aquilo foi perturbador, pois sua formatura na universidade seria no dia dois de fevereiro. Elu, então, não aceitou com muita tranquilidade as expectativas de data para sua liberação do hospital. Desse modo, contrariando os boletins médicos, recuperou-se mais rápido do que previam. Entretanto, seu corpo havia mudado. Como consequência do acidente, perdeu uma das pernas.

Assim, aconteceu o terceiro (re)nascimento de Rute. Um (re)nascimento composto por mudanças, dor, recuperação, aprendizado e tudo que cabe no ato de (re)nascer.

"NÃO QUERO SER SUA BABÁ"

Mais alguns dias se passaram até que Rute pôde voltar para Manaus. Elu, até então, conhecia o peso da mão patriarcal, sexista, colonial, racista e LGBTfóbica da sociedade brasileira sobre o corpo e a vida de pessoas como elu. Mas ser uma pessoa com deficiência lhe fez ver um mundo que ainda não conhecia.

O capacitismo na cidade de Manaus passou a promover a ideia de que Rute seria incapaz. A primeira pessoa a recorrer a esse argumento ignorante e violento foi Maria, que decidiu romper o relacionamento: "Não quero ser sua babá", disse.

A frase de Maria doeu por cada consoante e vogal que se uniram para ressoar aquelas palavras. Ela atribuiu que Rute havia se tornado incapaz e dependente por passar a ser uma pessoa com deficiência. Mas a incapacidade residia na verdade em Maria.

Ela era incapaz de ter empatia – assim como as ruas da cidade de Manaus que, sem acessibilidade, colaboram para que as pessoas com deficiência lidem cotidianamente com cenários de vulnerabilidade. Maria era apenas mais uma rua sem rampas, atribuindo incapacidade a quem sobrevivia ao seu campo minado de preconceito e exclusão.

Ao falar das cidades e da falta de acessibilidade, Rute constantemente afirma que não tem problema nenhum: "As cidades é que têm problema comigo e com tantes outros deficientes". Desse mesmo modo, podemos afirmar que o problema estava em Maria. Que bom que ela partiu!

VERALDINA

A primeira pessoa a estender as mãos e se dispor a enfrentar essa sociedade capacitista foi Veraldina, mãe de Rute. Ela estava com elu.

Em determinado momento, Veraldina questionou se não seria o caso de regressarem para o Rio de Janeiro. Para sua surpresa, elu disse que queria permanecer em Manaus. Diante disso, a mãe se aproximou de sue filhe e explicou: "Então eu vou ter que te ensinar a viver numa perna só. A partir de hoje você faz a tua comida, lava a tua roupa, vai fazer as tuas compras, tá?"

Após as mudanças que o corpo de Rute havia passado, os cuidados e direcionamentos da mãe foram fundamentais para elu aprender a manter a autonomia com a qual já conduzia a vida antes daquele episódio.

Durante esse período de adaptação, mãe e filhe celebraram a formatura. O momento era muito sensível e até mesmo poético pois, mesmo diante de tantas muralhas, elu garantiu com muita força que aquela ocasião fosse possível. Uma foto capturou com exatidão a poética daquele acontecimento e, nela, nós vemos tanto os olhos brilhantes de Rute como Veraldina muito sorridente e orgulhosa.

Há poética na resistência negra. Há poética em nossas vitórias cotidianas. Há poética em nosso levantar. Há poética na formatura de ume jovem negre PCD.

Rute levantou-se por diversas vezes contra uma multidão de negativas que sistematicamente tornavam o bacharelado em Direito um sonho inacessível, mas criou estratégias ao longo de sua vida para driblar um sistema educacional fortemente racista e segregador. Tornou-se uma exceção em um cenário político em que políticas de cotas e financiamentos estudantis estavam ainda percorrendo os primeiros caminhos no Estado brasileiro.

“...os cuidados e direcionamentos da mãe foram fundamentais para elu aprender a manter a autonomia...”

Com a habilidade e a criatividade de quem trabalha com o impossível, elu transformou sua realidade. Assim como Veraldina também transformou a realidade de sue filhe: os livros que ela carregava do trabalho até a casa em Campo Grande foram lembrados com carinho e tudo naquele momento sussurrava um grande "Parabéns, você conseguiu".

Passaram-se seis meses e Veraldina retornou para o Rio de Janeiro. Mesmo com a distância, o carinho e as conversas mantiveram-se com muita frequência via telefone. Nos últimos anos, a memória dessa mãe companheira e amiga já não é mais a mesma, mas o amor continua transbordando em cada simples gesto e olhar.

ABRINDO CAMINHOS

Apesar da boa nova, o emprego que Rute tinha não foi mantido devido a uma troca de gestão. Ao se deparar com o desemprego, pensou em outras formas de se manter. Com o seguro DPVAT comprou um carro para se locomover melhor, sempre com o apoio das amigas Rafaela, Erotildes e Shirley; articulou fretes com os contatos que tinha do período que havia trabalhado no INPA e passou a fazer atas e outros documentos como uma forma de estabelecer uma renda extra.

O empreendedorismo fazia parte de sua vida desde que sonhou com sua pequena feira na infância. Nos períodos de desemprego e dificuldade, Rute apresentava muita habilidade em criar estratégias que possibilitassem a geração de renda. Assim, aos poucos, foi amadurecendo a ideia de empreender. Logo a ideia se transformou em sonho.

Ainda que o sonho não estivesse estruturado em plano, passou a ser semeado em cada pequena atitude de Rute. Entre fretes e documentos, uma colega sugeriu que elu participasse de um processo seletivo para trabalhar na Secretaria de Meio Ambiente do Estado do Amazonas. Elu pegou o seu andador e foi até o local para participar da seleção.

Ali estavam várias candidatas e elu era a única pessoa com deficiência no local. O senhor que fazia a seleção questionou se elu teria capacidade de realizar os trabalhos necessários em um andador. Ao lado dele estava uma das pessoas que havia trabalhado com Rute na SEMAS e, ao reconhecer ê antigue colega, disse ao chefe: "Eu acho que Rute é capaz de qualquer coisa e acho que ela é uma das únicas candidatas que entraram aqui que eu apostaria que faz qualquer coisa, independente se ela tá nesse andador ou não."

Após alguns dias a ligação chegou e o emprego estava garantido. E ali Rute ficou por três anos. Enquanto esteve por lá, elu foi organizando iniciativas que caminharam para abertura do seu próprio negócio: a Terra Consultoria.

Quando saiu da Secretaria, chegou a atuar como professore substitute na Universidade do Estado do Amazonas (UEA). Relembrou a didática que utilizou com estudantes nos preparatórios para concursos que realizava na sala da casa no Rio de Janeiro. As experiências somavam-se e Rute tornava-se cada vez mais capaz de organizar seu próprio negócio.

Enquanto ministrava as aulas, recebeu um convite para assumir uma das secretarias municipais do Meio Ambiente do Estado do Amazonas. Ao assumir tal compromisso, dedicou-se como em todos os outros trabalhos que teve e gerenciou com aptidão tudo que lhe conferiram. Mas, diante de alguns muitos problemas e polêmicas que corroíam aquela gestão, elu acabou achando melhor se retirar da função que haviam lhe atribuído. Quando retornou para Manaus, buscou dedicar-se ao seu empreendimento.

A vida de Rute é movimento. Movimento de chegada, partida, rupturas e recomeços. Seus passos que cruzaram o país do Sudeste ao Norte abriram caminhos e continuam a abrir.

O cotidiano tem sido de enfrentamentos. Um exemplo disso são as falas infelizes que Rute escuta ao realizar seus trabalhos como advogade. Algum tempo atrás, ao ver Rute no tribunal, uma juíza lhe questionou: "Onde está o seu advogado?" Elu então reagiu e exclamou: "Excelência, não parece, mas a aleijada aqui que é a advogada!"

O olhar da juíza não pôde atribuir a ume negre com muleta o lócus social de advogade mas, sim, de réu/denunciante. Por sua vez, elu utilizou-se das ferramentas que estavam ao seu alcance para criticar as posturas preconceituosas da juíza. Sempre em movimento, Rute segue organizando pequenas revoluções em espaços inóspitos.

Rute é um corpo de resistência e resiliência em um mundo colonizado e padronizado por olhares preconceituosos sobre nossas próprias diferenças. Cada movimento seu é um movimento nosso. Rute abre caminhos para si e para os seus e, enquanto isso, empreende criativamente mundos que possam ser nossos.

CAPÍTULO

04

ENCONTROS DAS ÁGUAS EM CALMARIA

RUTE, Ê EMPREENDEDORE

O mundo do trabalho para pessoas negras no Brasil é um labirinto espinhoso construído historicamente para ser assim. Em 2019, 47,4% da população negra tinha, como ocupação, trabalhos informais. O desemprego com insistência nos bate à porta. Estatisticamente, a gerência e a direção, os cobiçados cargos de liderança, não nos são atribuídos com muita frequência. Partindo de pontos bem diferentes daqueles de onde partem as pessoas de etnia branca e as pessoas ricas, buscamos concorrer por ocupações formais em uma disputa meritocrática e desigual. Dificilmente conseguimos. Mas a regra, quando há contrato, geralmente é a mesma: salários inferiores e mais horas de trabalho.

Após aquele dia 29, Rute percebeu que os labirintos eram maiores e os caminhos ainda mais espinhosos para uma pessoa negra e com deficiência. Desse ponto em diante, o empreendedorismo soou como resistência.

No empreendedorismo, elu percebeu a possibilidade de contrariar as condições desfavoráveis que o mercado de trabalho lhe apresentava. Recarregou as forças do seu desejo de empreender, um desejo que trazia consigo desde a infância. Elu afirma com plena certeza: "eu resisto a ter que enfrentar o mercado deslealmente".

No furacão de desigualdades que é o Brasil, arriscar-se em um negócio próprio e em trabalhos informais de venda e revenda de produtos tem sido uma atividade comum para pessoas das quais o mercado de trabalho vem se recusando a assinar carteiras e contratar.

O medo da fome e da falta de sustento de si e daqueles que amam é um alerta para tentar de tudo, para arriscar tudo e, assim, exaurir-se em uma carga horária de trabalho que extrapola as leis trabalhistas. Leis que não se aplicam, já que essas pessoas sequer são reconhecidas.

Nas proximidades da Avenida Sete de Setembro, corriqueiramente escutamos "Água um Real" nas vozes de mulheres haitianas, venezuelanas e das próprias manauaras. Ao lado de carrinhos de supermercado cercados de meias sempre há uma mulher mais velha com sua filha no colo e uma plaquinha dizendo "3 por R$5". No Largo São Sebastião e em outros pontos do centro histórico de Manaus, o cheiro e o gosto do tacacá se espalham como uma boa notícia e as vendas são inabaláveis em algumas das bancas ali instaladas.

"A vida de Rute
é movimento.
Movimento
de chegada,
partida,
rupturas e
recomeços."

Toda pequena iniciativa dessas muitas mulheres busca resistir a um mundo desigual e injusto. Talvez o empreendedorismo como formulado ao longo dos anos não cabe harmoniosamente na palavra "resistência". Nem podemos dizer que todas essas pequenas iniciativas são fruto de um desejo de empreender e/ou mesmo dizer que são um empreendimento. Mas são aquilo que se faz quando as portas estão trancadas.

Desse modo, para muitas mulheres e muitas outras pessoas a quem o mercado fecha as portas, a conexão entre resistir e empreender é uma resposta e é um caminho possível para que a falta de oportunidades não seja paralisante.

A PRIMEIRA EMPRESA

Além da resistência, Rute entende o empreendedorismo como um espaço de exercício contínuo de dedicação e persistência. Na criação de sua primeira empresa, essa tríade foi fundamental.

Meses após o acidente, Maria reapareceu e elus retomaram o namoro. Passaram a ter uma relação conturbada com muitos fins e recomeços. Nesse processo, criaram a Terra Consultoria juntes. Uniram o conhecimento que Maria tinha como bióloga com a formação de Rute como advogade e sua larga experiência na área de meio ambiente.

A empresa tão sonhada iniciou com um caixa de R$800, valor que Rute poupou sozinhe. Sem plano de negócios e sem muito direcionamento de como administrar uma empresa, lançou-se de cabeça no mercado.

Trabalhou incessantemente oferecendo os serviços da Terra, que consistiam na regularização de empreendimentos junto aos órgãos de meio ambiente do Amazonas. Aos poucos foi conseguindo contratos e teve certa estabilidade por um bom tempo.

Infelizmente, nem todes es clientes cumpriam com os contratos, o que deixou a empresa em apuros muitas vezes. Daí surgiu a persistência como um exercício cotidiano. Maria não se dedicava com a mesma intensidade. O empreendedorismo não lhe brilhava os olhos.

Em um entardecer, Rute olhou para Maria e para tudo que já haviam vivido. Se ateve às feições de Maria, rememorou cada pequeno conflito e percebeu que a vida mudava. E como quem desfaz um nó emaranhado, foi puxando fio a fio a história que haviam construído. Percebeu que aquele era o fim. Maria não aceitou facilmente. Mas não havia nada mais a ser feito e, naquele entardecer em uma posição tão particular do sol, aquela relação conflituosa finalmente teve seu ponto final.

Diante disso, a sociedade foi desfeita. Rute passou a tocar o negócio sozinhe. Desfrutava do que considera ser uma das maiores vantagens em empreender: a liberdade!

Liberdade para tomar decisões, para definir horários e estipular metas. Liberdade para criar e gerir seu espaço de trabalho e por vezes mesclá-lo com sua casa. Empenhar-se em algo completamente seu era uma experiência gratificante.

O fim daquele relacionamento sinalizou a necessidade de manter certa distância de envolvimentos românticos. Isso só mudou de verdade quando seu amigo Rafael lhe apresentou outras formas de conhecer pessoas e paquerar.

Sentados em uma lanchonete, ele ficava atento ao celular. Rute estranhou. Rafael então lhe contou que, enquanto conversavam, ele permanecia atento a um aplicativo de relacionamentos. Ao perceber que ê amigue não estava familiarizade com o aplicativo, Rafael trabalhou arduamente para que elu aderisse à tendência do momento.

Rute cedeu, passou a conhecer e encontrar gente interessante por ali. Até que um match gerou uma conversa mais que especial. Quando o aplicativo cruzou seu perfil com o de Stephanie, não teve erro: ali se formaria um casal.

Stephanie não se apaixonou na primeira conversa. Talvez fosse o distanciamento que as palavras às vezes tomam nas plataformas, mas as conversas não paravam de acontecer. Entre desabafos e diálogos sobre o dia a dia, Rute contou com o que trabalhava e Stephanie explicou que buscava emprego.

O que poderia ter sido um primeiro encontro foi, na verdade, uma entrevista de emprego. Stephanie apresentou-se profissionalmente e atendeu a todas as expectativas necessárias para o cargo.

A relação amigável no ambiente de trabalho crescia a cada dia. As conversas e caronas foram se tornando frequentes. O algoritmo não estava errado. O tempo, como bom amigo de toda história que merece ser contada, formou o casal. O namoro começou, a casa e o trabalho cercaram-se de amor. Sabe aquele amor intenso e veloz que sentimos nos primeiros meses e que algumas vezes temos a sorte de levar para o resto da vida?

Rute continuava atuando com dedicação e persistência para a continuidade da Terra Consultoria, mas nem sempre esses valores dão conta dos desafios que cercam o empreender. Empreender é, muitas vezes, como um universo de probabilidades duvidosas. É correr riscos!

Percebendo que a Terra não ia bem, Stephanie precisou buscar outro emprego. Com muita competência, logo conseguiu.

A situação da Terra foi piorando. Nem mesmo a atuação brilhante e a capacidade inexplicável de resolução de problemas de Rute deram conta da crise que a empresa enfrentou até que elu se viu obrigade a declarar falência, fechando assim sua tão sonhada empresa.

Com 42 anos, Rute percebeu que parte de tudo aquilo que havia trabalhado para construir desmoronava aos poucos. Teve medo do que teria que enfrentar após a falência. O casal se uniu mais ainda, buscaram soluções para aquele momento e construíram um sonho comum. Assim, nasceu a Paiva Consultoria.

O curso de administração que Stephanie fazia a auxiliou na visualização do futuro empreendimento. A Paiva surgiu para atuar no setor de Segurança do Trabalho, destinando sua atenção ao fortalecimento de ambientes seguros e agradáveis para es trabalhadories.

A nova etapa de vida do casal se iniciava de mãos dadas. A experiência adquirida ao longo dos anos com a Terra foi como uma bússola para o novo negócio que se iniciou. Rute tornou-se consultora na Paiva, auxiliando em serviços jurídicos e orientando o empreendimento a funcionar em bom ritmo.

Ambes se casaram no ano de 2019 e, juntes, têm seguido a vida. Com desejos e sonhos bem próximos, aconchegam-se em harmonia nos seus travesseiros. Empreendem sonhos. Planejam e realizam o cotidiano com afeto e afinco.

“Seus passos que cruzaram o país do Sudeste ao Norte abriram caminhos e continuam a abrir.”

O COTIDIANO DE UME EMPREENDEDORE NA CIDADE DE MANAUS

O mundo de Rute girou em voltas, teve quedas e recomeços, mortes e renascimentos. Em meio a tantos rebuliços do destino, a vida hoje parece ter se encarregado de lhe trazer dias mais tranquilos.

A tranquilidade no Brasil de 2021 é, de certa forma, permeada de instabilidades. Quando o casal viaja, nunca recebem o mesmo tratamento; quando vão ao banco, as coisas também são diferentes. O casamento inter-racial faz com que Rute e Stephanie vejam a dupla face de um mesmo país.

Stephanie, como uma pessoa branca, vive um Brasil diferente daquele que Rute vivencia. Mas juntes olham para esse Brasil de duas caras, juntes levantam e erguem o amor como uma bandeira e, às vezes, até mesmo como escudo. Stephanie está com Rute de forma completa sendo colo, sendo lar e sendo amor.

O peso do mundo fica um tanto mais leve quando temos com quem compartilhar. A vida de Rute hoje é cheia de gente, cheia de afeto. Amigues sempre estão por perto e, com tantos avanços tecnológicos, ver a família ficou um pouco mais fácil. Elu também trabalha com o que gosta e com quem gosta, prestando assistências jurídicas para a Paiva Consultoria e outras empresas. Os animais agitam a casa em um tipo de agito bom. As conversas confessionais que têm com suas plantas seguem em dia. No meio disso tudo, Rute começou um mestrado. A vida pode ser muito boa. Como já dito antes, Rute empreende mundos que possam ser nossos e, nesse processo, também empreendeu a vida que tem hoje.

E o hoje de Rute geralmente começa um pouco antes das 8h, quando elu acorda cantarolando. Elu diz que parece ser uma rádio ambulante pela casa e que costuma fazer alguns abdominais. Conversa com Stephanie ao longo do café da manhã e, em seguida, liga a TV: adora se manter informade com as notícias do dia, hábito que adquiriu na adolescência.

Depois disso, segue para o escritório na Paiva Consultoria, bem pertinho de casa. Quando chega, verifica o e-mail e o WhatsApp – que não para. Não há uma rotina muito repetitiva. Na maior parte do tempo, Rute elabora documentos, mas em alguns dias se dedica a audiências e, em outros, atua nas perícias. Mesmo com a agitação do escritório, quando as 11h se aproximam, Rute liga a TV para assistir um pouco mais de jornal. Ao meio-dia a empresa toda para e segue para o almoço. Depois do almoço, as demandas do trabalho são retomadas até o expediente se encerrar.

Em meio a tudo isso, Rute ainda cursa duas disciplinas do mestrado na Universidade Federal do Amazonas (UFAM). Devido à pandemia da COVID-19, as aulas têm sido remotas e foram encaixadas ao cotidiano de Rute sem muita dificuldade.

Quando todas essas atividades e compromissos terminam, Rute vai para casa. Seu repouso é feito na companhia de livros - o hábito incentivado por Veraldina permanece intacto. Rute gosta de ler de um tudo e os livros físicos e digitais preenchem o tempo livre.

Mas as melhores noites são aquelas em que Rute e Stephanie caminham no Passeio do Mindu. Lá no Mindu conversam, planejam o futuro da empresa e o futuro da família que são. O céu escuro e coberto de estrelas sempre é cenário de bons planos.

A história de vida de Rute não se fecha com estas páginas. Na verdade, não acredito que haja páginas o suficiente para dar conta de uma vida. Porém, o atrevimento de lhes contar a vida de Rute ou o que sei da vida de Rute se encerra por aqui.

Antes de me despedir de quem chegou até aqui, deixo as palavras de Rute para todes aquelus que sonham em empreender novos mundos. Um pouquinho de Rute para vocês:

A mensagem que eu deixo é: sejam persistentes e pacientes. Nada na vida se constrói do dia pra noite, tudo é uma eterna evolução. Você vai evoluindo e desenvolvendo ao longo do tempo.

Tenham curiosidade e estudem. Estude tudo: Contabilidade, Direito, Marketing, o que você vai fazer como empreendedor, a área que você vai escolher para empreender. Estude, estude sempre, estude muito. Porque conhecimento te traz liberdade e faz você fazer boas escolhas.

Tente aprender o máximo possível e tenha certeza que empreender não é só montar um negócio. Você pode empreender na sua vida pessoal, você pode

empreender na empresa que você trabalha, por exemplo, levando melhores soluções. Empreender não tem a ver só com abrir um negócio, porque nem todo mundo nasceu para empreender no negócio. Mas você pode empreender na área em que está trabalhando, na empresa em que você está trabalhando.
Empreendedores, no fim das contas, são eternos curiosos, eternos aprendizes, muito pacientes e determinados.

As palavras de Rute carregam um punhado de sua história. Paciência e determinação foram parte fundamental dos caminhos que Rute trilhou e ainda trilha em uma vida repleta de resistência e resiliência. No fogo cruzado de uma sociedade fortemente costurada em binarismos, Rute segue descontruindo as certezas fixas que os olhares dos outros lhe lançam. A história de Rute é um espelho para vozes empreendedoras de negres, LGBTs e PCDs.

Descosturando a invisibilidade e o silêncio, Rute Ferreira Lima segue empreendendo mundos que ainda não vivemos.

Você ajudou a escrever este novo capítulo da vida de Rute ao comprar este livro.

Quer saber o que aconteceu?

Acompanhe pelo site:
https://biografiascolaborativas.com.br/biografia/rute/capitulo-final